후야의 일기 2

글 윤희솔 | 일기글 후야 | 그림 성현정(아이앤드로잉)

위즈덤하우스

솔샘의 말

있는 그대로의 소중한 일상이 바로 '일기'예요

 "일기에는 생각과 느낌을 써야 해!"

일기 쓰기도 어려운데, 생각과 느낌을 쓰려니 더 어렵지요? 후야도 일기 쓰는 방법을 배우고 나서는 "일기엔 생각과 느낌을 써야 한다는데, 뭘 쓸지 모르겠어요." 하고 하소연을 했답니다. 떠오르는 생각과 느낌이 없으니, '재미있었다.'로 일기를 끝내기 일쑤였죠. 여러분도 그냥 '또 놀고 싶다, 맛있었다.'로 일기를 마친 날이 많지 않나요?

솔샘은 후야에게 "생각과 느낌을 억지로 쓰려고 하지 말고, 겪은 일을 자세히 써 봐."라고 했어요. 생각과 느낌은 노력해서 생기지 않더라고요. 겪은 일을 자세히 쓰려고 있었던 일을 찬찬히 살피다 보면, 기억이 생생해지면서 생각과 느낌이 떠오른답니다.

혹시 생각과 느낌이 떠오르지 않더라도, 있었던 일을 그대로 써도 돼요. 이 글을 한번 볼래요?

20XX년 7월 4일 화요일

날씨: 해와 구름이 만난 날

학교에서 공 굴리기 놀이를 했다. 공을 세 번 굴렸는데, 깃발은 한 개만 넘어졌다. 더 연습해야겠다.

초등학교 1학년 1학기 국어(나) 240쪽

20XX년 6월 16일 화요일

날씨: 말라 죽을 것 같은 날
제목: 힘 빠진 날

오늘 아침에 일어났다.
나: 정말 일어나기 싫은데, 더 잘까?
엄마: 야, 일어나!
나: 더 잘래요.
엄마: 안 일어나?
  그럼 엄마가 직접 깨우러 간다.
나: 아, 진짜! 휴우… 일어날게요.

솔샘 반 학생 (2학년) 일기

솔샘 반 학생은 일기에 생각과 느낌을 쓰지 않았어요. 자기와 엄마가 나눈 대화를 있는 그대로 썼을 뿐이죠. 교과서에 나온 일기도 잘 썼지만, 솔샘 반 학생 일기가 더 생생하고 재미있지 않나요?

경험을 자세히 쓰면, 뭘 써야 할지 고민하지 않아도 되고 있는 그대로의 일상이 소중하다는 걸 느끼게 된답니다.

후야는 경험을 자세히 썼는지, 생각과 느낌을 어떻게 떠올렸는지 살펴보면서 <후야의 일기>를 읽어 보세요. 여러분의 경험이 팔딱거리는 일기를 읽을 날을 기대해 봅니다.

등장인물

후야

가족과 대화하는 시간이 제일 행복하다는 대한민국 초등학생. 까부는 동생 때문에 붉으락푸르락하다가도, 아빠 엄마의 칭찬과 재미난 책에 금방 화난 걸 잊어버리는 순둥순둥 엉뚱 소년.

엄마(솔샘)

후야, 건이와 함께 이야기하며 글을 쓸 때 행복하다는 엄마. 자상하고, 이해심이 많지만 한 번 화가 나면 집 안이 흔들릴 정도로 포효해서 온 가족이 제일 무서워하는 인물이다.

건이

후야 형이 세상에서 제일 좋다면서도
형 놀리는 재미에 사는 대한민국 대표 까불이
동생. 짜증 난다며 바닥에 뒹굴고 있거나
미간을 잔뜩 찌푸리고 형을 노려보는
남자아이가 있다면 건이일 확률이 높다.

아빠

후야와 건이의 친구 같으면서도 자상한 아빠.
아들과 놀아 주는 건지, 같이 노는 건지 헷갈릴
때가 많다. 승부욕에 불타 후야와 건이를
기어코 이기고 나서는 아들 둘을 놀리다가
엄마의 따가운 눈총을 받기 일쑤다.

외할머니

외할아버지와 다른사람에겐 거침없는
독설을 날리지만 가족에게는 한없이 따뜻한 할머니.
텃밭에서 손자들 먹일 채소와 과일을 가꾸실 때
그저 행복하시단다.

후야네 반 부반장 영이

마음먹은 일은 꼭
해내고야 마는
똑순이.

조용한 수다쟁이 혁이

평소엔 조용하다가도
친한 친구와 만나면 수다가
늘어지는 수다쟁이.

외할아버지

대한민국 대표 손자 바보. 월요일부터 금요일까지는 일하는 딸과 사위를 대신해 후야와 건이를 돌보는 자상한 할아버지. 엄마 몰래 후야와 건이에게 아이스크림과 핫초코를 사 주신다나 뭐라나.

말괄량이 빈이

엉뚱 발랄 종잡을 수 없는 의리의 소녀.

남자 빈이, 준이

별난 생각으로 주변 사람을 당황스럽게 하는, 남자 빈이.

솔샘의 말 있는 그대로의 소중한 일상이 바로 '일기'예요
등장인물

1화 오늘 발견한 인체의 신비 --------------- 14
후야의 진짜 일기
- 솔샘의 일기 쓰기 1 **물음표 일기를 써 봐요** ----------- 28
- 일기 글감 만들기 **궁금한 질문 만들기**

2화 나이는 사람을 이상하게 만든다 ---------- 32
후야의 진짜 일기
- 솔샘의 일기 쓰기 2 **내 맘대로 올림픽!** -------------- 48
- 일기 글감 만들기 **내 맘대로 순위 정하기**

3화 선생님이 좋은 이유 세 가지 ------------- 52
후야의 진짜 일기
- 솔샘의 일기 쓰기 3 **나 때는 말이야…** --------------- 68

4화 내 손톱에 개껌을? -------------------- 70
후야의 진짜 일기
- 솔샘의 일기 쓰기 4 **나에 대해 얼마나 알고 있나요?** -------- 86
- 일기 글감 만들기 **나를 찾아라**

5화 마음에 바람이 휭~ ------------------- 90
후야의 진짜 일기
- 솔샘의 일기 쓰기 5 **슬픈 일을 극복할 수 있는 방법은?** ------ 106

6화 말을 잘해야 한다 ------------------ 108
후야의 진짜 일기

솔샘의 일기 쓰기 6 **속담으로 내 이야기에 날개를 달아요** ----- 124

7화 내가 키우는 공룡들 ------------------ 126
후야의 진짜 일기

솔샘의 일기 쓰기 7 **좋아하는 게임이나 놀이를 설명해 보세요** --- 140

✏️ 일기 글감 만들기 내가 좋아하는 게임 설명하기

8화 아빠 때문에 동심 파괴 ---------------- 144
후야의 진짜 일기

솔샘의 일기 쓰기 8 **성격을 나타내는 낱말을 알아 보아요** ----- 158

9화 한국과 태국의 비교 ------------------ 160
후야의 진짜 일기

솔샘의 일기 쓰기 9 **세계 지도를 자세히 들여다 보세요** ------ 174

✏️ 일기 글감 만들기 나만의 여행 지도

10화 아이스크림을 특별하게 만들어 준 푸핀도이 --- 178
후야의 진짜 일기

솔샘의 일기 쓰기 10 **여행 이야기를 보드 게임판으로!** ------ 200

작가의 말

오월 오일

날씨: 맑음

제목: 오늘 발견한 인체의 신비

▨▨ 나랑 ▨▨ ▨▨이는 크나림
가서 자동차가 고장처럼
숨어 팍 막 힌 길 다.
엄마 안 쉬 어 콜록
를 가 이 소 물 나
딱 지 둥 엄 주 셨 게
가 정 나

왔다. 우리 몸이 신기한 것 3가지를 발견했다.

<인체의 신비 1>
콧구멍보다 코딱지가 더 크다.

콧구멍   코딱지

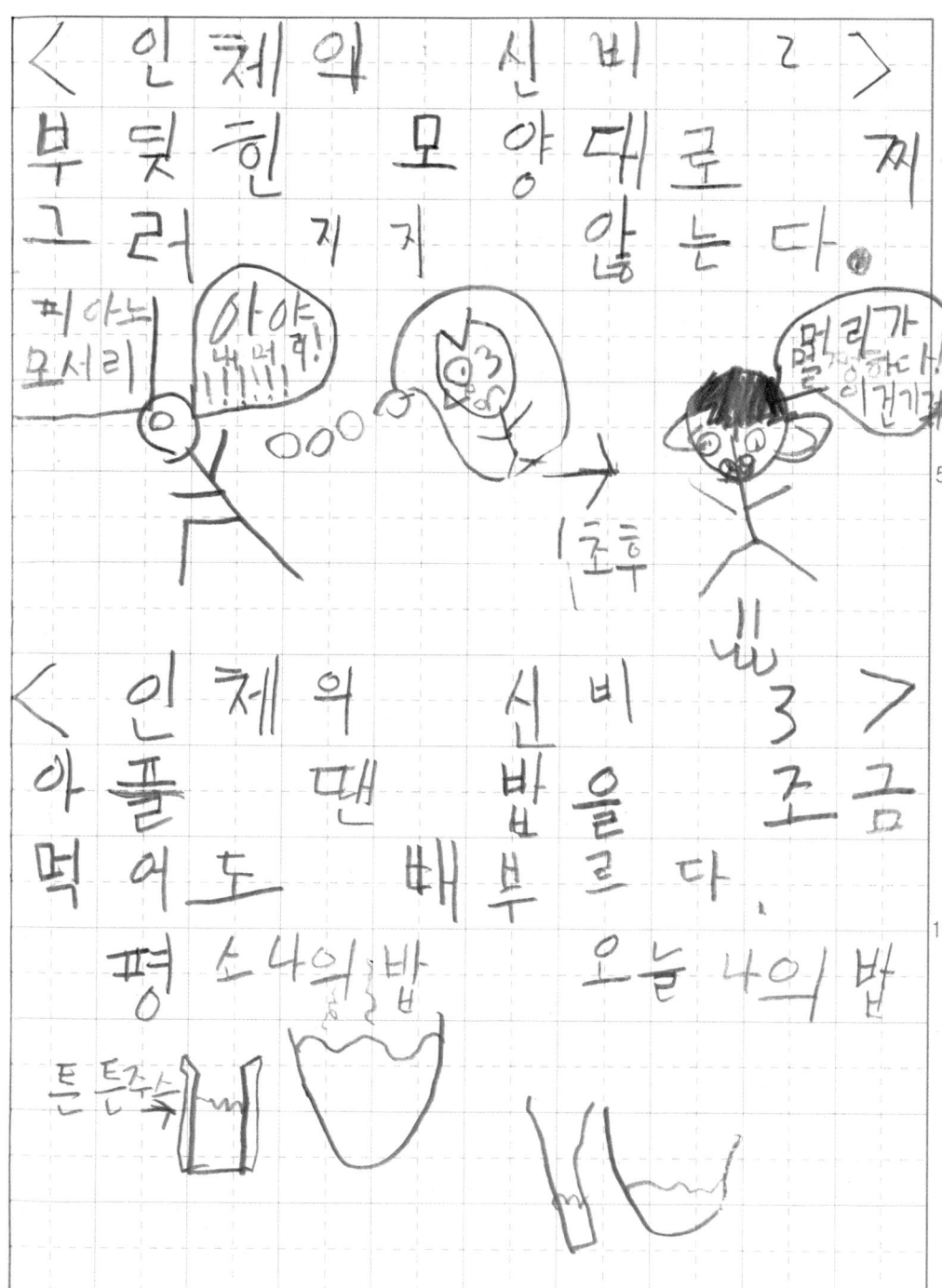

→ 어디가 아팠니?

오늘 아빠 재 아파서 학교
에 늦 가 서 우 울했
는 데 생각 해 보 니 신
기 한 인 체 를 발 견 해
서 재미있다.

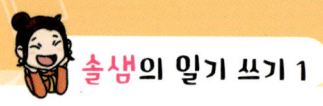
솔샘의 일기 쓰기 1

물음표 일기를 써 봐요

'추운 겨울에 호수 속 동물은 어떻게 얼어 죽지 않을까요?'
'설탕은 가루인데, 어떻게 솜사탕이 되는 걸까요?'
'왜 안 좋은 일은 더 기억이 잘 나고 오히려 잊기 힘든 걸까요?'
곰곰이 생각해 보면 우리 주변에는 신기한 일이 참 많답니다.
당연하다고 생각하지 말고, '왜 그렇지?', '무슨 일이 일어날까?', '어떻게 하면 되지?' 하고 물음표를 붙여 보세요.
질문을 일기에 써 보고, 질문의 답을 찾아보세요. 책을 찾아보거나 부모님과 함께 인터넷 검색을 해 보면서 답을 찾으면 생각 주머니가 쑥쑥 자라날 거예요. 어쩌면 세상을 바꿀 또 다른 굉장한 질문이 꼬리에 꼬리를 물고 떠오를지도 몰라요.

{ '질문'에 관한 명언 }

왜 하루에 밥은 세 끼만 먹는 거지?

어떻게 형아보다 엉덩이가 더 빵빵해 질 수 있을까?

고기를 지금보다 더 많이 먹을 수 있는 방법은 뭐가 있을까?

"질문이 정답보다 중요하다."
아인슈타인 (과학자)

"내 모든 배움은 질문을 던지면서 비로소 시작되었다."
루 홀츠 (미식축구 감독)

뉴턴의 '사과는 왜 아래로만 떨어질까?', 코페르니쿠스의 '정말 태양이 지구 주변을 돌까?' 하는 질문은 세상을 바꾸었어요. '컴퓨터를 항상 들고 다니면서 사용할 수는 없을까?' 하는 질문을 던지고 계속해서 연구한 사람들 덕분에 스마트폰이 탄생했지요.

여러분도 계속 질문하고 답을 찾기 위해 노력하면 세상을 움직이는 멋진 사람이 될 거예요.

"이 우주가 우리에게 준 두 가지 선물은 사랑하는 능력과 질문하는 능력이다."

메리 올리버(시인)

"인간이 지닌 최고의 탁월함은 자기 자신과 타인에게 질문하는 능력이다."

소크라테스(철학자)

"잘 교육된 마음 속에는 항상 해답보다 질문이 더 많다."

헬렌켈러(교육자)

일기 쓰기 꿀팁

1. 당연하다고 생각했던 사실에 '왜?', '어떻게?', '만약에?' 등 물음표를 붙여 보세요.
2. 떠오른 질문에 답해 보세요.
3. 자기가 쓴 답으로 또 질문을 만들면 또 새로운 생각이 떠오를 거예요.

일기 글감 만들기

궁금한 질문 만들기

여러분도 후야와 친구들처럼 다양한 내용에 관해 질문을 생각해 보며 일기 글감을 찾아 보세요.

인체의 신비
- 다리털이랑 눈썹은 왜 머리카락처럼 계속 자라지 않을까?
- 배꼽은 하는 일이 뭘까?

눈
-
-
-

다리
-
-
-

코딱지
-
-
-

동물

▶ 추운 겨울에 호수 속 동물은 어떻게 얼어 죽지 않을까?

감정

▶ 왜 안 좋은 일은 더 기억이 잘 나고 오히려 잊기 힘든 걸까?

2화 나이는 사람을 이상하게 만든다

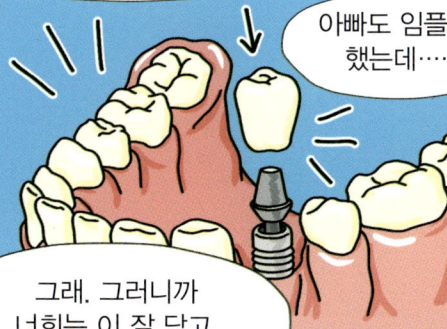

후야의 진짜 일기

12월 24일 월요일
날씨: 나가 있는 날은 세미
꿀잼 이 있는
만지 없는 날.

제목: 나이는 사람을 이상하게 만든 다.

아빠가 나에게 말
숨을 하실 때 반짝이
는 아빠의 금니가
보였다. 어른들은 이
에도 금이 있고 잠

신기했다. 그래서 어른이 신기한 점들을 생각해 보았다.

<Ranking6> 부자다
이에도 금이 있고
주머니에서 동전이
흘러나 온다.

<Ranking5>
숙제를 안해도 만
날 바쁘다.

<Ranking4>
가만히 있는데도
힘들다고 한다,
"짐대가 나를 빨

아," 들이는 것 같아.
누워 있는데도 엄마는 힘들다.
<Ranking 3>
맛없는 걸 맛있게 먹는다. 잠이 ▨, 처▨처럼, 맥주, *소맥, 아메리카노를 한 번 살짝 입술만 댔는데도 맛이 곰찍해서 깜짝 놀랐는데 어른들은 정말 맛있게 드신다.

*어른들이 먹는 소주랑 맥주를 섞은것.

<Ranking 2>
멀리 있는 것이 잘
보인다. 할아버지랑
할머니는 책을 보실
때 안경을 쓰신다.
나는 칠판이 안 보여
서 안경을 쓰는데~

<Ranking 1>
움직일 때마다 소
리가 난다.
"아이고~"
일어날 때, 앉을
때, 누울 때도 아이
고 소리를 내신다.

어떨 때는 무릎이랑 목, 어깨에서 "따직!" 소리가 나기도 한다. 어른들은 나이라서 그러는 소리라고 하시는데, 난 괴물한테 당하고 있는 것 같다.

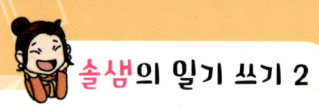

내 맘대로 올림픽!

여러분은 프라이드치킨, 양념 치킨, 간장 치킨, 구운 치킨 중에 뭐가 더 좋아요? 어려운 질문인가요? 그때그때 먹고 싶은 치킨이 달라지는데 어떻게 정하냐고요? 하하하! 솔샘도 그래요. 그래도 꼭 순위를 정해야 한다면, 1위는 프라이드치킨, 2위는 구운 치킨, 3위 양념 치킨, 4위 간장 치킨이에요.
치킨 가게에 따라 맛이 다르기도 하니까 좋아하는 치킨 가게 이름을 순서대로 말해도 재미있겠네요. 프라이드치킨 중에선 '빨간 통닭', 양념 치킨 중에는 '외갓집', 구운 치킨 중에선 '굽다 치킨'처럼요. 벌써 여러분 머릿 속에 치킨 종류가 마구마구 떠오르고, 치킨 가게 이름도 주르륵 생각났죠?

{ 종목을 만들어 순위 정하기 }

 건이가 약 오르는 일 TOP 3

1. 형이 먼저 숙제를 끝내고 놀 때
2. 형이 상을 받아 올 때
3. 형이 칭찬받을 때

 엄마가 좋아하는 아빠의 모습 TOP 3

1. 출근길에 양복을 멋지게 차려 입은 모습
2. 생선을 손질하는 모습
3. 후야, 건이와 블록 놀이 하는 모습

일기 주제가 잘 떠오르지 않을 땐, 종목을 만들어서 순위를 정해 보세요. '내 맘대로 올림픽'을 열어서 그 결과를 쓰면 특별한 일기가 돼요.
'내 맘대로 올림픽'도 재미있지만, 다른 사람에게 물어보면 또 다른 재미가 있어요. 다른 나라에서 열리는 올림픽 같은 느낌이라고나 할까요? 여러분도 여러분만의 올림픽 종목을 만들어 보고, 순위를 매겨 보세요. 올림픽 경기처럼 흥미진진할 거예요!

일기 쓰기 꿀팁

1. 일기 주제가 잘 떠오르지 않을 때는 종목을 만들어서 순위를 정해 보세요.
2. 종목은 내가 정할 수도 있고, 주위 사람들의 의견으로 정할 수도 있어요.
3. '내 맘대로 올림픽'으로 특별한 일기 주제를 만들어 보세요.

영이를 춤추게 하는 일 TOP 5

1. 그림 그리기 대회에서 대상을 받았을 때
2. 미술 선생님과 이야기하며 그림 그릴 때
3. 맛있게 매운 떡볶이집을 발견했을 때
4. 아빠 엄마가 동영상을 보게 해 주실 때
5. 갑자기 학원 휴강일 때

빈이가 좋아하는 아이스크림 TOP 2

1. 가슴에 세상을 품은 나는 "세계콘"이 제일 좋아!
2. 쵸코쵸코한 쭈쭈바 "쵸빠코"도 맛있지!

일기 글감 만들기

내 맘대로 순위 정하기

여러분도 후야처럼 '어른이 신기한 점'을 순위로 매겨 보고,
또 나만의 종목을 만들어 일기 글감으로 활용해 보세요.

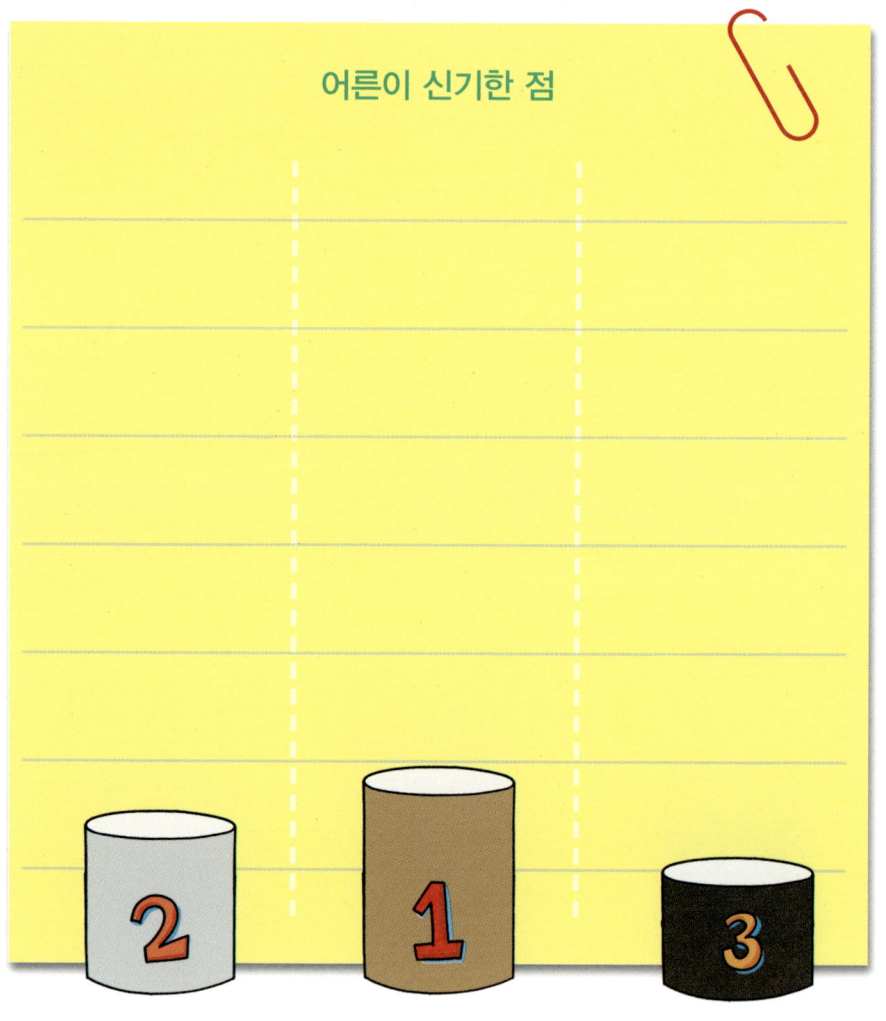

어른이 신기한 점

내가 만든 종목

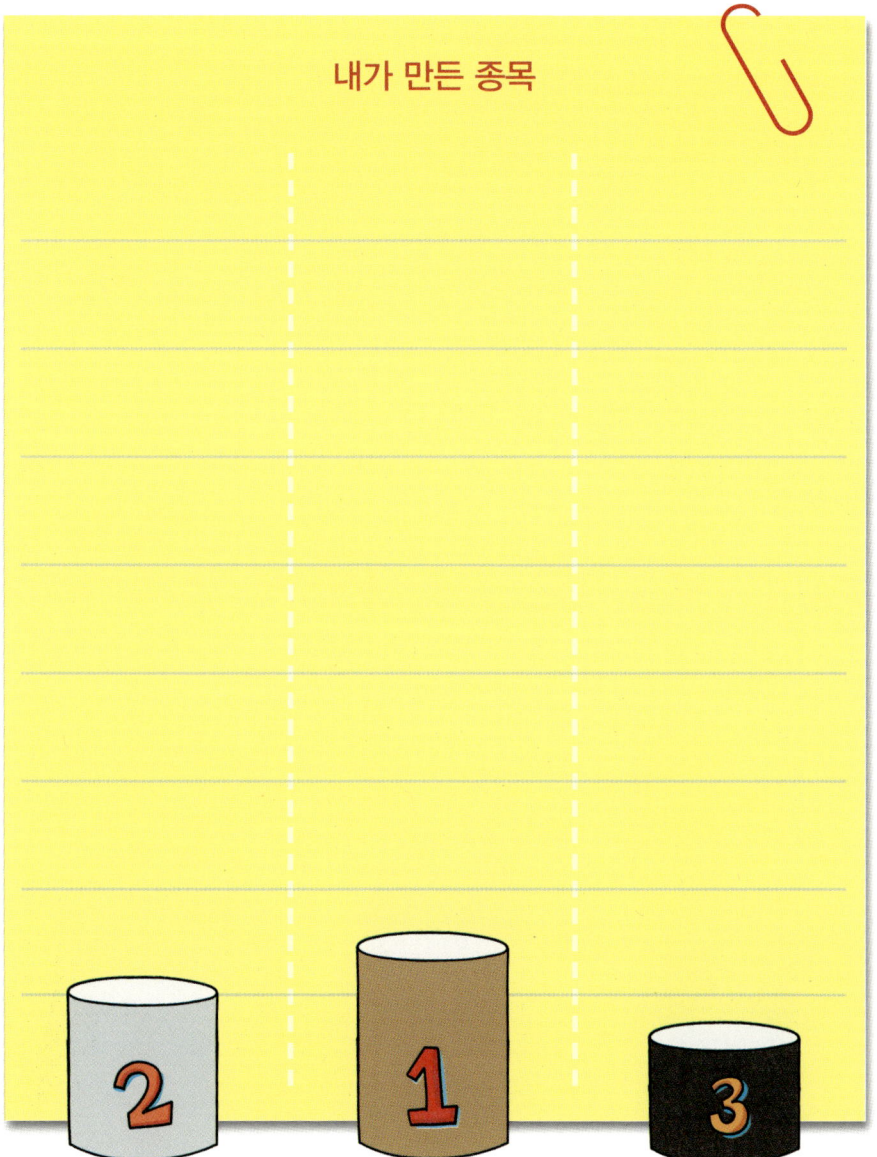

3화 선생님이 좋은 이유 세 가지

3월 4일 월요일
날씨: 저겨운 미세먼지

제목: 우리 선생님과 우리 반이 멋진 이유 세 가지

1턴 전에는 사람들로 꽉 차서 숨이 턱 막혔던 강당에서 다리가 구겨질 것 같이 계속 서서 입학식을 했었다. 그런

데 오늘은 기다리지
도 않고 바로 학회~
년 5반 교실로 났
갈 수 있어서 신
다. 니게 들어간
우리 반에서 멋진
선생님과 친구들을
만났다.
<우리 ▓▓▓ 선생
님이 멋있는 이유
3가지>
1. 학교에 빨리 오
셔서 일을 열심히
하신다.

2. 잘 들리고 이해 할 수 있게 말씀해 주신다. 알림장 먼번까지 도 미리 먼 번 까지 있는지 알려주셔 서 좋다.
3. 친절하시다. 우리 옷이 바닥에 떨어지 않게 옷걸이를 준비해 주신다.
4. 예상에 없던 4 번이 생각났다. 우리 선생님은 글씨를 잘 쓰신다.

우리 반 친구들의 멋있는 점도 쓰려고 했는데 조금 더 친해지면 써야겠다. 어쨌든 결론은 작년보다 식도 좋고 학년 입학생님도 마음에 딱이다. 줄 발도 안 하고 교실도 내

███의 꿈을 응원합니다
멋진 ███
화이팅!

나 때는 말이야…

이렇게 지난 일을 돌이켜 생각하는 걸 '회상'이라고 해요. 일기를 쓰려면 있었던 일을 돌이켜 생각해야 하니, 일기는 회상한 내용의 기록이죠.

'회상'의 想(생각 상)이라는 한자가 만들어진 원리에 일기 쓰는 방법이 고스란히 담겨 있어요. 想(생각 상)은 相(서로 상)과 心(마음 심)이 결합한 글자예요. 相(서로 상)을 보면 나무(木)와 눈(目)으로 되어 있어요. 여러분이 나무로 집을 짓는다고 생각해 보세요. 집의 기둥으로 쓰일 나무를 아무렇게나 고르지는 않겠지요?

{ 지난 일과 내 마음을 회상해요 }

나무가 튼튼한지, 아름다운지, 크기는 알맞은지 자세히 살펴볼 거예요. 그래서 相(서로 상)은 원래 '자세히 보다'라는 뜻이었대요. 우리 집을 버텨 줄 나무를 고를 때 찬찬히 살피고 또 살피는 것처럼, 지난 일뿐 아니라 내 마음(心)을 자세히 살펴보는 일이 회상이랍니다.

과거의 일을 회상하면서, 그때 내 마음은 어땠는지, 지금 나의 마음은 어떤지, 그 일이 지금의 나에게 어떤 영향을 주었는지 생각해 보세요. 훌륭한 일기 주제이자, 몰랐던 여러분의 마음을 알게 될 소중한 기회가 될 겁니다.

일기 쓰기 꿀팁

1. 지난 일을 찬찬히 떠올려 봐요.
2. 그때 나는 어떤 생각이 들었는지, 감정은 어땠는지 생각해요.
3. 그 일은 지금의 나에게 무슨 영향을 주었는지 곰곰이 살펴보면, 하루하루가 소중한 나를 채우고 있다는 사실을 알게 돼요.

생각 **상 (想)**

- 서로 상(相) + 마음 심(心)
- 나무 목(木) + 눈 목(目)

올해 만난 담임 선생님의 첫인상은 어땠어요?

한눈에 반해서 친해지고 싶었던 친구가 있나요?

이 나무는 나뭇결이 예쁜데?

코 후비는 것까지는 괜찮아!

너는 학교나 일찍 오기나 해!

제발 코딱지를 먹지 마, 우웩!

야, 그래도 학교에 오는 게 어디야?
결석은 안 하잖아.

알았어, 알았다고.

그 습관까지 사랑해 줄 수는 없다, 친구야!

이는 '오늘은 안 오려나?' 할 때쯤 꼭 나타나잖아.

맞아, 발소리도 엄청 크게!
급하게 뛰어오느라 발소리가 큰 거지. 당당한 게 아니라고!
그것도 엄청 당당하게!

후야의 진짜 일기

6월 13일 목요일
날씨: 머리가 어질을
뻔한 날

제목: 내 손톱에 개껌을?

나는 손톱을 깨물어 먹는 버릇이 아다. 손이 자꾸 내 입으로 온다. 이로 손톱을 똑똑똑 깨물

어뜬을 때 그 느낌이 좋다. 손톱이 많있지 않은데 사람들 앞에서 발을 가 없어서 할수 없이 먹는다.
 아빠의 소원은 내 손톱을 깎아주는 거라고 하셨다. 내가 손톱을 기르면 주말에 동영상을 5시간이나 볼 수 있게 해주시고 거기에 마크래프트까지 깔아

주신다고 했다.
 어제 분명히 손톱
이 실 만큼 자라 있
었는데 오늘 보니
사라졌다. 나도 모르
게 먹었나 보다.

 "넌 손톱이 아니
라 동영상 5시간
과 마▓크래프트를
먹은 거야. 배부르
냐?"
 하고 엄마가 물어
보셨다. 하나도 안 배

브론데……. 허무하다.

아빠는 아무래도 내가 손톱을 기르려면 손가락에 개껌을 끼워줘야 할 것 같다고 하셨다. 손 많이 나는 매니큐어도 약이다. 하고 참고 톱을 먹어서 남은 방법은 정말 개껌 뺀 일까? 이번주는 꼭 기르고 싶다. 내가 좋아하는 손톱

랭킹을 쓰고 이제
그만 뜯어야겠다.

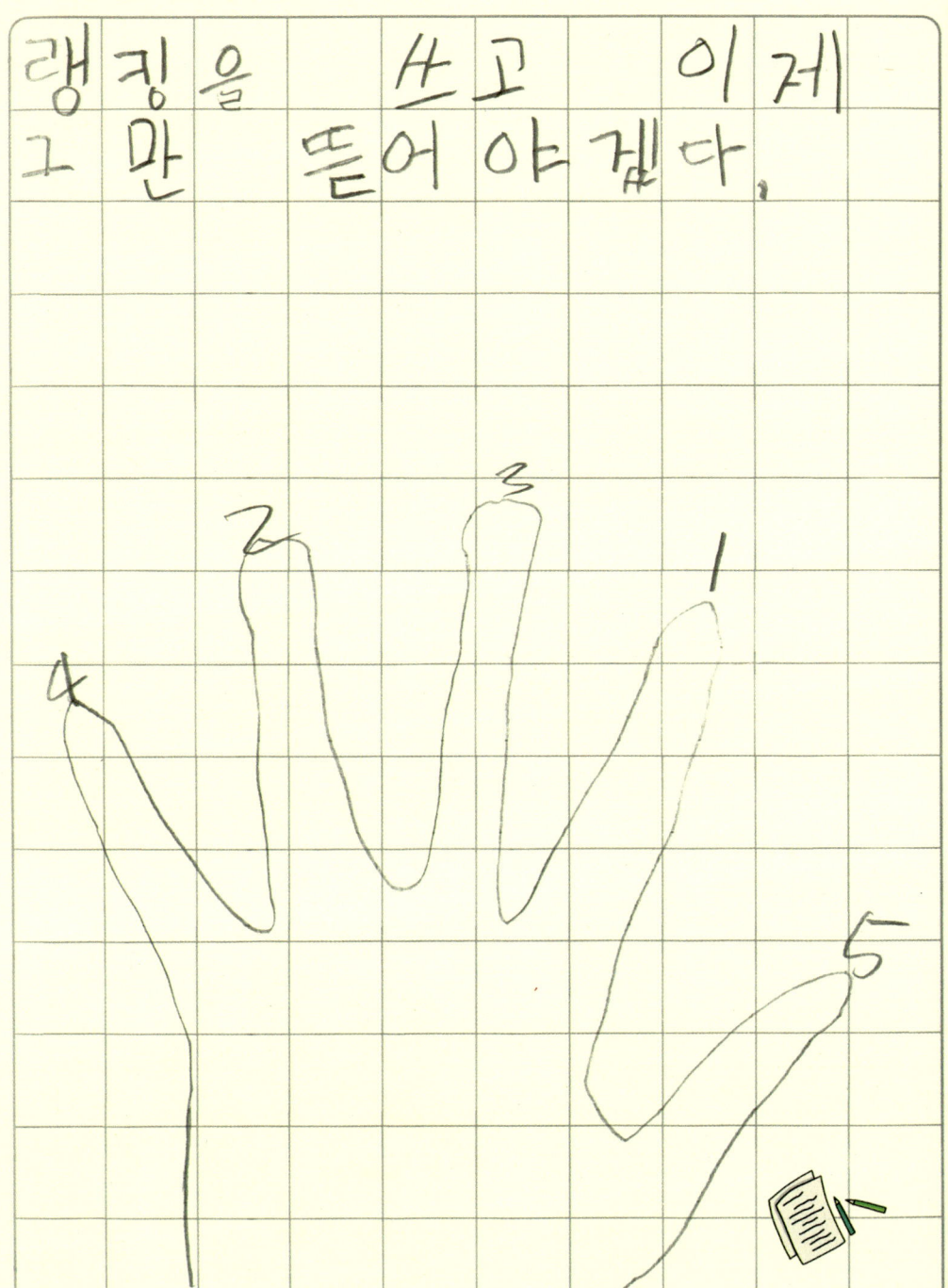

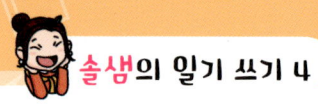

나에 대해 얼마나 알고 있나요?

어느 날 세어 보니, 후야 얼굴에 점이 7개나 있더라고요. 아기였을 땐 분명히 코 위에 점 하나만 있었는데 말이에요. 무릎과 정강이에 흉터도 생겼어요. 이게 다 축구 때문인 것 같아요. 뙤약볕에서 축구를 그렇게 하니, 얼굴도 그을리고 점이 많이 생길 수밖에요. 축구를 하다 보면 자주 넘어지니, 흉터가 안 생기는 게 이상하겠죠?

〈후야의 일기〉를 읽은 친구들은 후야의 버릇이 손톱 물어뜯기라는 걸 다 알 거예요. 여러분도 후야처럼 버릇이 있나요? 예를 들면, 나도 모르게 다리를 떤다든가, 인형을 안아야 잠이 온다든가, 아침에 일어나자마자 따뜻한 물을 마시는 것 같은 습관이요.

{ 나를 찾아라 }

여러분의 몸과 습관도 잘 살펴봤으면 좋겠어요.
내 몸은 정말 소중한데, 시간을 내서 살필 기회가 없어요. 내 몸에 변화가 있는지, 아픈 곳은 없는지 보살펴 주세요. 내 발은 어느 신발을 신어야 제일 가벼운지, 나는 어떤 자세로 누울 때가 가장 편한지 생각해 보세요. 그래야 여러분이 진짜 좋아하는 걸 찾을 수 있고, 그래야 하루하루가 더 행복해지거든요.

유명한 철학자이자 작가인 페터 비에리는 "사소한 선택의 순간 안에 당신의 진짜 모습이 숨어 있다. 사소한 하루하루를 내가 선택한 행복으로 채울 때 인생 전체가 행복해진다."라고 했어요.
평소엔 자신의 몸과 마음, 습관을 생각할 여유가 없어요. 일기 주제가 떠오르지 않을 때, 여러분 자신에 대해 생각하고 쓰는 걸 추천해요.

일기 쓰기 꿀팁

1. 나의 아주 사소한 몸의 특징이나 버릇을 찾아 일기를 써 보세요. 나에 대해 알면 알수록 나를 더 아끼고 사랑하게 되고, 더 행복하게 지낼 수 있을 거예요.

일기 글감 만들기

나를 찾아라

내 모습을 자화상으로 그려 보세요. 거울을 보고 그려도 좋아요. 그런 다음, 나의 몸 외에 나의 습관과 내 마음도 한번 곰곰이 생각해 보고 써 보세요.

나의 습관이나 버릇

- 내가 어떤 자세로 누울 때 가장 편할까?

  -

  -

  -

나의 마음

- 내가 가장 행복한 순간은 언제일까?

  -

  -

  -

5화 마음에 바람이 휭~

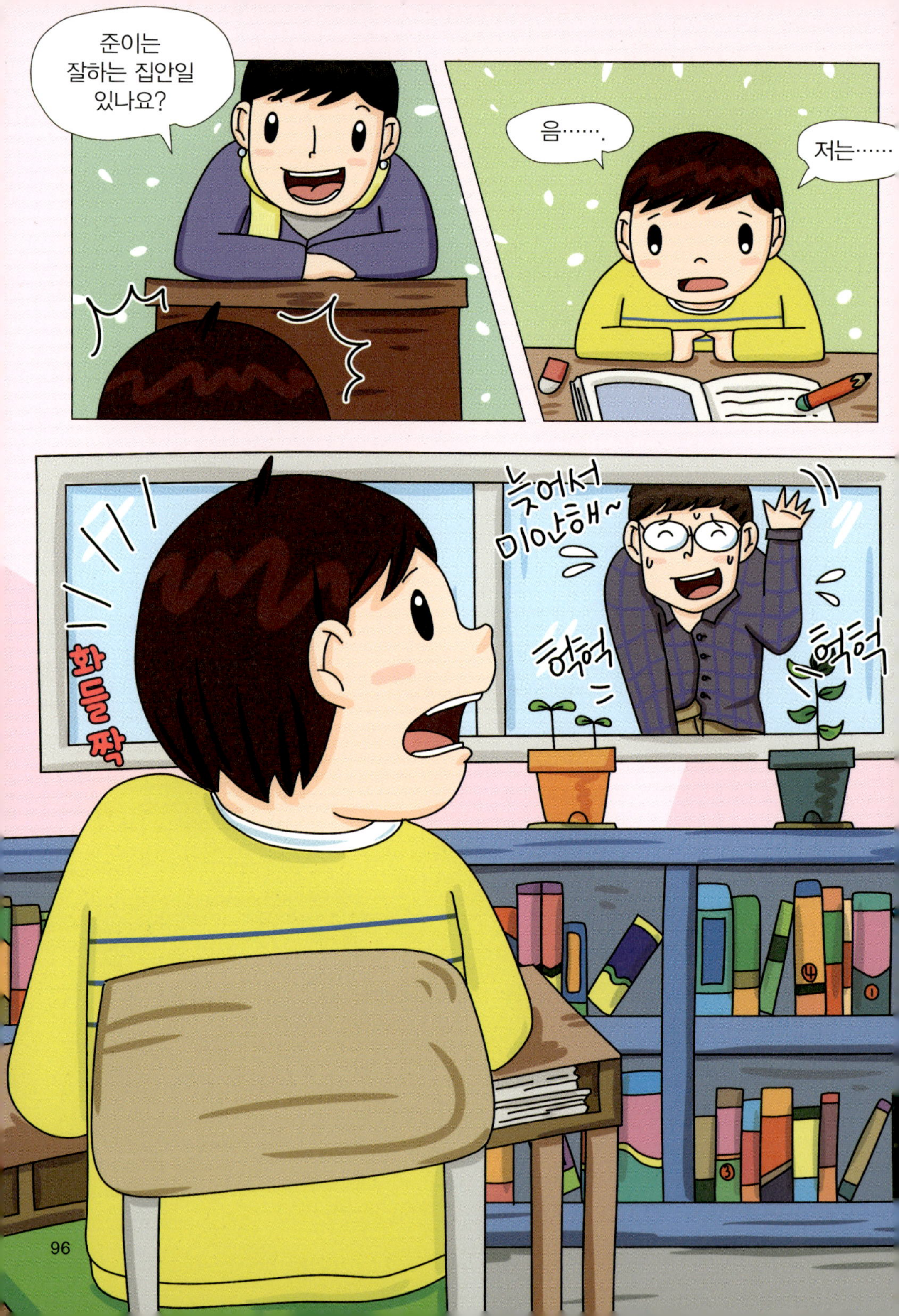
준이는
잘하는 집안일
있나요?
음…….
저는……
늦어서
미안해~
헉헉
헉헉
화들짝

| X학년 X반 X번 | 후 |

아빠 엄마께,
제가 이젠 더 자주 빨래 널기를
도와 드릴게요.
진이랑 둘이서 잘할수 있어요.
탁탁 털어서 겹치지 않게널면되죠?
빨래널 때는 우리를 불러주세요.

추신: 아빠랑 엄마가 공개수업
때 못오셔도 괜찮아요.
혼자 잘 할수 있어요.
 -후올림-

3월 20일 수요일

날씨: 옆친데 덮친격 (미세먼지에다 까지)

제목: 마음에 바람이 휭~

오늘 학교 끝나고 엄마들이 우리 교실에 오신다고 했다.

우리 엄마는 바로 아래층에 있고 오후에 시간이 있을 것 같아서 10,000% 줄 알았다. 그래서 물티슈 두 장을 뽑아 써 책상이랑 바닥을 쓱쓱 싹싹 깨끗하게 닦았다. 더 닦으려고 물티슈 두 장을 양손에 들고 닦았다. 엄마한테 보여주려고 제일 열심히 엄마 사물함을 정리했다.
 집에 돌아와서 엄마께 "엄마, 내 자리 보셨어요?" 하고 여쭈어 보았는데 엄마는 못 보았다고 하셨다. 아홉 살 어떤 아이가 마음 간 사전에서 혼자 자는 그네 올라 이 타 고 있는 그림이 생각났다. 허무하고 해 전했다. 마음에 바람

이다. 횡물 불티 고 서운 했을손
둑에 고 티있 슈없던 두 내 장을
에 내 힘 이 빠졌다. 사 물함
이전 지 자리 해지기
왔으 에 면 저분 엄마 가 좋겠다. 보러

슬픈 일을 극복할 수 있는 방법은?

슬프거나 기분 나쁜 일은 생각하기도 싫어요. 솔샘도 그래요. 생각조차 하기 싫은 기억이 있지요. 하지만 조금만 참고 마음 아팠던 일을 떠올려 봐요. 처음엔 울고만 싶을지도 몰라요. 후야도 슬픈 일에 관해 일기를 쓸 때 얼마나 눈물을 뚝뚝 흘렸나 몰라요. 솔샘의 마음도 참 힘들었지요.

{ 슬픈 일을 글로 써 보기 }

무슨 일이 있었니?

학부모 공개수업 때 엄마가 우리 교실에 오실 줄 알았는데, 못 왔잖아요. 흑~

아직도 그 일만 생각하면 눈물이 나는 이유는 뭘까?

엄마 아빠가 열심히 치운 내 자리도 못 보고, 내가 얼마나 열심히 공부하는지도 몰라 주니까 너무 서러워요.

그때 어떤 마음이 들었지?

마음에 바람이 부는 것 같았어요. 허무하고 외로웠어요. 놀이터에서 혼자 그네를 타는 것처럼요.

여러분의 슬픈 마음은 다른 사람이 위로하지 못해요. 진심으로 여러분을 위해 눈물 흘리고 함께 슬퍼할 가족과 친구가 있지만, 여러분의 감정은 여러분이 풀어야 해요. 슬프거나 화난 감정을 잘 다룰 줄 알아야 또 다른 감정도 잘 다스릴 수 있어요. 감정에 휘둘리지 않아야 슬기롭게 행동할 수 있거든요.

생각만 해도 눈물이 나는 일이 있나요? 오래전 일인데, 아직도 기억 나는 슬픈 일이 있나요? 일어난 일, 그때 느꼈던 감정, 지금 나의 마음을 차분히 써 보세요. 혼자 쓰기 힘들면 부모님이나 선생님께 도와 달라고 하세요. 우리 친구들이 슬픈 일을 현명하게 이겨 내길 응원합니다.

슬픈 마음이 들지 않으려면 어떻게 해야 할까?   엄마가 다음에는 꼭 우리 교실에 나를 보러 왔으면 좋겠어요.

지금 네 마음은 어떠니?   엄마가 미안하다면서 꼭 안아 주고, 우리 교실에 오겠다고 약속했으니 이젠 괜찮아요. 후련해요.

일기 쓰기 꿀팁

1. 슬픈 일이 생기면 왜 그런 일이 생겼나, 그때 내 마음은 어땠나, 지금 내 마음은 어떤가 하고 찬찬히 되짚어 보세요.

2. 뭐가 그리 슬픈지, 어떻게 하면 슬픈 마음을 위로할 수 있는지 생각하면서 일기를 써 보세요. 나도 모르게 울음을 그치는 나를 발견할 거예요.

내 사물함이 더러워지기 전에 엄마가 보러 오면 안 슬플 것 같아.

6화 말을 잘해야 한다

오늘은 오랜만에 지하상가 근처로 놀러간다.

지하상가에는 닭꼬치, 떡볶이, 어묵, 딸기 탕후루, 달고나 과자, 생과일주스, 와플 등 엄청난 간식 뷔페가 쫙 펼쳐져 있다.

다 빨았어?

잘 안 돼요.

그냥 그렇게 더럽게 입고 다녀야지 뭐!

엄마! 잘못했어요!

빨래 해 보니 어때? 죽지는 않잖아?

아녜요, 엄마. 손은 시리고, 비누는 자꾸 손톱에 끼고, 옷은 더럽고… 힘들었어요!

어휴, 이 녀석아! 따뜻한 물로 해야지. 이게 뭐야! 손이 꽁꽁 얼었네.

엄마, 잘못했어요…….

후야의 진짜 일기

4월 2개일 토요일
날씨: 눈부신 날

제목: 말을 잘 해야 된다.

나는 음식을 잘 흘린다. 그러고 싶지 않은데 자꾸 흘린다. 옷을 보면 그날의 메뉴가 다 써있다. 오늘도 내 옷에는 떡볶이, 딸기 탕후루, 초코 아이스크림이

물었다. 엄마가 내 옷을 보시고는 "▨▨ 옷 빨다가 죽겠네." 라고 하셨다. 그 때 나는 무슨 생각이었는지 "죽긴 않아요." 하고 말해버렸다. 그랬더니 엄마가 나보고 옷을 빨라고 하셨다. "아, 허리가 부러질 것 같아."

아빠가　도와주실 줄 알았는데　빨래비누로 하라고　알려주시기만 하고　순간이동하셨다.
　빨래비누를 더러운 곳에 비비고 손으로 문질렀다. 손톱 사이에 비누가 껴서 답답했다. 간신히 얼룩을 다 지웠다.
　엄마한테 빨래 검사를 받았다. 손도 손톱 사이에

낀 비누 때문에 힘
들었다. 말 한 마디에
천냥 빚을 갚는다더
니 난 말 한 마디
잘못했다가 말 예쁘
게 하라고 천 마디의
잔소리를 듣고 고생
도 했다.
아~ 말조심해야지!

▓ 야, 엄마도 '죽겠네'라는 말 안쓰도록 노력할게!
▓ 말이 맞는데 엄마가 순간 너무 서운했나봐.
미안해 ~ ♡

속담으로 내 이야기에 날개를 달아요

여러분이 하는 말을 다른 사람이 한 번에 확 알아들을 수 있으면 좋겠죠? 길게 말하지 않아도 듣는 사람이 '아! 네 마음이 어떤지 알겠어.' '네가 무슨 말을 하고 싶은지 알겠네!' 하고 말이에요. 내가 하고 싶은 말을 모든 사람이 금방 이해하고 공감하게 만드는 비결은 바로 속담에 있어요.

{ 상황에 맞는 속담 활용하기 }

X반 빈이가 학교 담장에 올라갔었대.

뭐어?

발 없는 말이 천 리 간다.

콩 심은 데 콩 나고 팥 심은 데 팥 난다.

숙제를 안 해 와서 혼나겠다.

동생이랑 같이 치우니 금방 끝났네!

백지장도 맞들면 낫다.

예를 들어볼게요. 친구가 그냥 해도 될 말을 고함을 치며 기분 나쁘게 이야기 했어요. 기분이 정말 나빠졌죠. 그래서 나도 친절하지 않은 말로 되받아쳤어요. 그랬더니 이 친구가 왜 그렇게 기분 나쁘게 말을 하냐면서 울어요.
정말 억울하겠죠? 이 상황을 속담으로 표현하면, 왜 그 친구가 잘못했는지, 여러분이 어떤 심정인지 모든 사람이 한 번에 이해할 수 있어요. 떠오르는 속담이 있나요?
솔샘은 '오는 말이 고와야 가는 말도 곱다'라는 말이 떠오르네요. 자기가 남에게 말이나 행동을 좋게 해야 남도 자기에게 좋게 한다는 뜻이지요.
속담을 소개하는 책을 펼쳐 보고, 여러분이 겪은 일이나 여러분의 마음에 어울리는 속담을 찾아보세요.

가는 날이 장날.

WONDER LAND
내부 수리로 인해 오늘 하루 휴관합니다. 죄송합니다.
-원더랜드-

마음먹고 왔는데 휴관?

일기 쓰기 꿀팁

1. 속담 책을 읽어요. 서점이나 도서관에 가면 재미있는 속담 책을 많이 만날 수 있어요.

2. 경험한 일과 어울리는 속담을 찾아봐요.

3. "발 없는 말이 천 리 간다더니, 그 소문을 옆 반 친구도 알고 있었다."처럼 속담을 활용하면 훨씬 실감나고 재미있는 글이 완성돼요.

나는 그냥 지나갔을 뿐인데…

까마귀 날자 배 떨어진다.

> 후야의 진짜 일기

3월 14일 목요일

날씨: 갑자기 추워진날

제목: 내가 키우는 공룡들

주말마다 만나는 공룡들이 있다. 그 공룡들은 스마트 패드에서 산다 스마트 패드 안에 ▓▓ ▓▓ 다이노라는 게임 앱에서 나를 기다린다 내가 키우는 공룡은 전부 네 마리인데 그 중에 내가 제일 좋아하는 공룡 두 마리 에 대해 쓰고 싶다.
<(내 마음 속 Ranking)>

- 이름 : 말~~XX~~오
- 기술 : 덩굴 충격파, 가시 꼬리
- 종류 : 안킬로사우루스
- 강점 : 지구력
- 약점 : 불에 약하다

〈내 마음 속 Ranking 1

- 이름 : ▓▓▓크▓▓▓크
- 기술 : 물대포, 꼬리 파도
- 종류 : ???
- 강점 : 한 번의 공격으로 상대의 체력을 없앤다
- 약점 : 숲 속성을 가진 공룡에 약하다 나의 공룡들이 다른 공룡을 만나서 싸우다가 지면 쓰러진다 그런 모습을

보면 안타깝다. 공룡들을 강하게 키우고 싶다.

솔샘의 일기 쓰기 7

좋아하는 게임이나 놀이를 설명해 보세요

다른 사람에게 무언가를 알려 주고 싶을 때가 자주 있을 거예요.
새로운 친구를 다른 친구에게 소개할 때, 종이 접기 방법을 알려 줄 때,
우연히 알게 된 재미난 보드게임을 사 달라고 부모님께 말씀드릴 때,
친구와 게임을 함께하고 싶을 때 등 무언가를 설명해야 할 때가 많답니다.

{ 내가 아는 내용을 잘 소개하고 설명하기 }

읽는 사람이 궁금해 할 내용을 생각해야 해요.

'내가 설명을 듣는 ○○○라면 무엇이 가장 궁금할까?' 생각해서 그 내용을 중심으로 설명해야 해요.

제목: 어렵지만 재미있는 카탄
우리 가족과 하면 시간 가는 줄 모르는 재미있는 카탄 보드게임을 반 친구들과도 하고 싶다. 섬 이름인데, 섬에 마을을 짓거 도로를 지으면서 개척하는 이다. 10점을 따면 이긴다. 마 지으면 1점, 도시를 지으면 2점, 카드를 뽑아서 기사가 3명 나 3점, 도로를 5개를 연결하

다양한 방법을 사용해서 설명해요.

비슷한 규칙이 있는 게임이나 구체적인 상황을 예로 들면 좋아요. 사진이나 그림을 곁들이면 훨씬 더 이해하기 쉽겠지요?

자기가 아는 내용을 잘 설명하는 능력은 나이를 먹는다고 나아지지 않아요. 연습을 해야 해요. 앞으로 여러분이 한 학년, 한 학년 올라갈수록
여러분이 아는 내용을 말과 글로 설명하는 능력이 점점 더 중요해지거든요. 어른이 되면 더 중요하고요.
여러분이 좋아하는 게임이나 놀이를 소개하는 일기부터 써 보면 어떨까요?

일기 쓰기 꿀팁

1. 내가 잘 알고 있거나 좋아해서 다른 사람에게 알려 주고 싶은 주제를 정해요.
2. 읽는 사람이 궁금해 할 내용이 무엇인지 정리해요.
3. 효과적으로 전달할 방법을 궁리해요.

쉽고 간략하게 써요.

설명하는 글은 읽는 사람이 잘 알지 못했던 것을 잘 알 수 있도록 하는 데 목적이 있어요. 그러니 이해하기 쉽게 설명해야겠지요.

누구에게 소개할지 정해요.

게임을 같이 하고 싶은 친구에게 소개할 때와 부모님께 그 보드게임을 설명할 때는 내용이 달라지겠지요.

일기 글감 만들기

내가 좋아하는 게임 설명하기

여러분도 후야와 친구들처럼 좋아하는 게임을 한 가지씩 골라 설명하는 글을 써 보세요. 그리고 일기 글감으로 만들어 보세요.

어떤 게임을 설명할까?

누구에게 소개할까?

읽는 사람이 궁금할 내용은 무엇일까?

게임의 어떤 내용을 설명할까?

어떻게 설명할까?

★ 내가 좋아하는 게임 ★

8화 아빠 때문에 동심 파괴

후야의 진짜 일기

12월 13일 금요일
날씨: 별로 좋지 않은 날

제목: 아빠의 그 한 마디로 내 마음이 공격으로 내 마음이 동심파괴 됐다.

오늘 가족들과 함께 저녁을 먹고 있는데 아빠가 못생겼다고 했다. 나는 너무 화가 나서
"아들이 못생겼으

면 아빠도 못생겼
지."라고 말했다.
아빠는 잘생겼다는
맞은 못 들었지만
못생겼다는 말도 못
들었다고 말했다. 그
때 엄마가 누클
닮아서 이렇게 귀엽
냐고 말했다. 나는
아빠에게 너무 화가
난 나머지 나는
"엄마 닮아서"라고 말
했다 아빠는
이에게 누굴 닮아서

이렇게 먼저다고 말했다. ▨▨이는 "아빠 닮아더" 라고 말했다. 아빠가 ▨▨이랑만 놀아준다고 말했다. 아 정말 어이없어! 언제는 닮아 닮고 언제는 아빠 닮았고 해야되는지 모르겠다.

성격을 나타내는 낱말을 알아 보아요

자기나 가족, 친구 소개를 할 때 빠지지 않고 말하게 되는 건 바로 '성격'입니다. 솔샘도 '당신의 성격이 어떤가요?'라는 질문에 답하는 게 아직도 어려워요.
때마다 성격이 달라지는 것도 같고, 다양한 특성이 섞여 있으니 콕 집어 성격을 말하기가 힘들더라고요.

{ 당신의 성격은 어떤가요? }

솔샘을 소개합니다.

- 솔샘은 **이해심이 많은** 편이에요. 원래 그렇지는 않은데, 후야와 건이를 키우면서 어린이를 이해하려고 많이 애썼거든요.

- 학교에서도 **다정하고 사려 깊은** 선생님이 되려고 꾸준히 노력하는 중이에요.

- 혼자 시간을 보내며 책을 읽고 쉬는 걸 좋아해요. 솔샘이 **내성적**이어서 그런지 **활발하고 사교적인** 사람이 부러울 때가 많답니다.

오구오구, 둘 다 속상하지?

괜찮아. 너무 슬퍼하지마. 좋은 곳으로 갔을 거야.

제 강아지가 무지개 다리를 건넜어요.

'솔샘을 소개합니다'에서 성격을 나타내는 낱말을 찾아봤나요? 자기의 성격을 알맞은 낱말을 사용해서 말해 보세요. 여러분의 가족이나 친구의 성격은 어떤지도 생각해 보세요. 성격이 하나만 있는 사람은 없어요. 다양한 성격이 어우러져서 여러분만의 개성이 생긴답니다.

일기 쓰기 꿀팁

1. 솔샘을 소개하는 글에서 성격을 나타내는 낱말을 찾아보세요.
2. 성격을 나타내는 낱말 중 여러분의 성격에 해당된다고 생각하는 것을 찾아보세요.
3. 성격을 나타내는 낱말 중 모르는 낱말이 있으면, 국어사전에서 찾아보는 것도 잊지 마세요.

성격을 나타내는 낱말들

정직한 / 다정한 / 웃긴 / 이해심 많은 / 까다로운 / 엄격한 / 애교 있는 / 수다스런 / 끈질긴 / 용감한 / 성실한 / 애정 깊은 / 다혈질의 / 느긋한 / 사교성 있는 / 우유부단한 / 내성적인 / 외향적인 / 유능한 / 활달한 / 공격적인 / 무던한 / 이야기하기 좋아하는 / 인정이 많은 / 침착한 / 순진한 / 덜렁대는 / 냉정한 / 엉뚱한

후야의 진짜 일기

11일 금요일
날씨: 이 더운
이 겨울이라니!

제목: 한국과 태국의 비교

오늘은 태국에 온 지 4일째 된 날이다. 내가 알게 된 태국의 다른 점을 생각해 보았다. 더운데 두꺼운 옷을 입은 사람들이

( )

많다. 지금이 겨울이
라니! 사우나 같은
데!

30°C
(겨울임)

(말풍선: 아~ 따듯해)

2. 아이스크림을 많이
먹을수 있다.

3. 수영을 실컷 매일 할 수 있다.
4. 남자랑 여자한테 쓰는 말이 다르다. 남자는 끝에 캅, 여자는 카.
5. 사원이 정말 많다. 색깔도 빨강과 금색이 많다
6. 무단횡단을 많이 한다.
7. 설명하긴 힘들지만 음식 맛이 다르다.
8. 방향이 반대다.

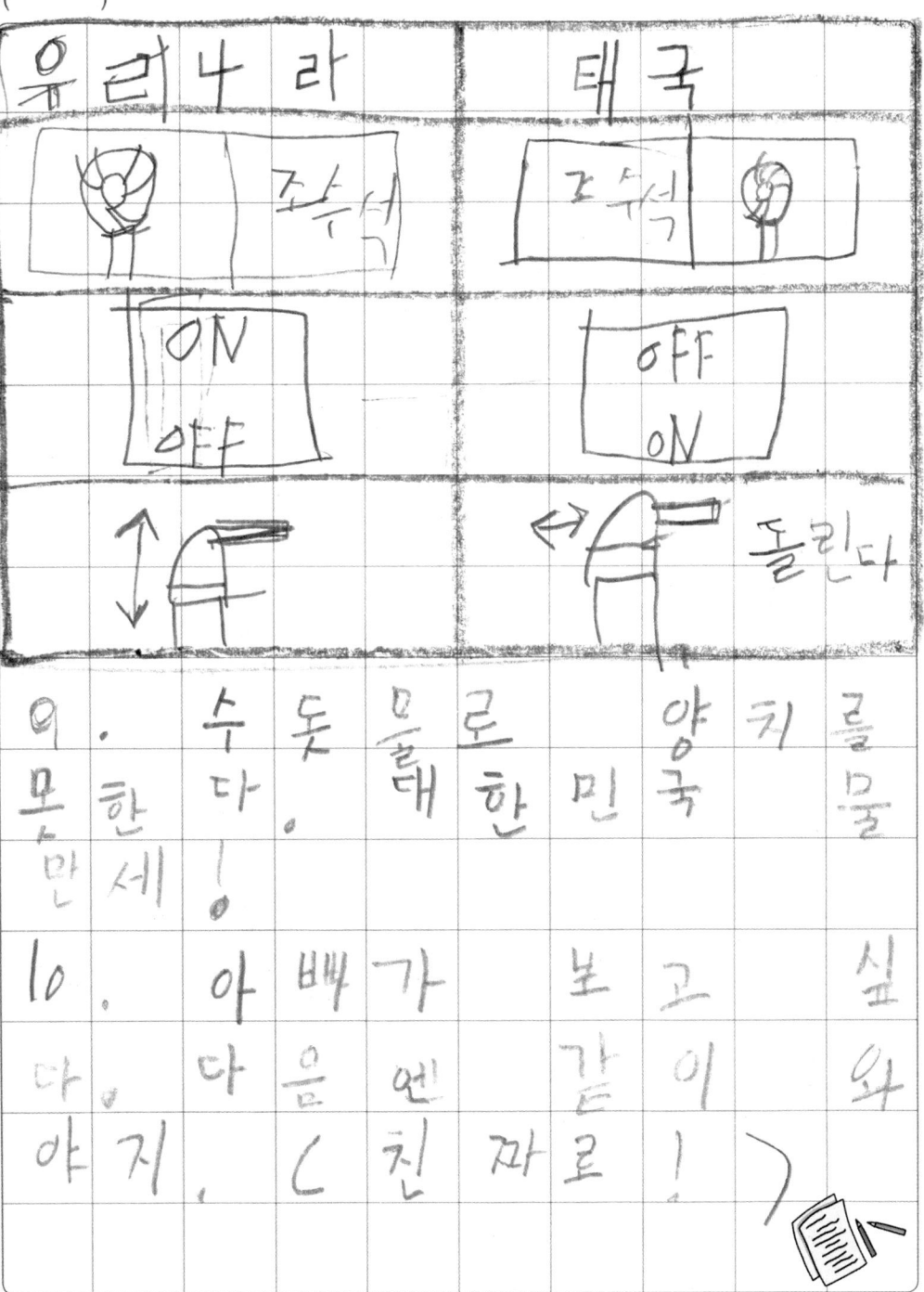

9. 수돗물로 양치를
못한다. 대한민국 물
만세!

10. 아빠가 보고 싶
다. 다음엔 같이 와
야지. (진짜로!)

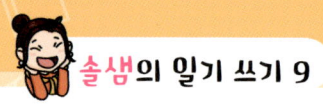 솔샘의 일기 쓰기 9

세계 지도를 자세히 들여다 보세요

기억에 남는 해외 여행이 있나요? 어느 나라에 가 보고 싶나요?
세계 지도를 한 번 펼쳐 보세요. 수많은 나라가 보일 거예요. 한눈에 봐도 딱 보이는 큰 나라도 있지만, 아주 자세히 들여다봐야 보이는 작은 나라도 있지요. 여러분이 가고 싶은 나라, 혹은 다녀온 나라를 지도에서 찾아보세요.

{ 여행하고 싶은 나라 찾기 }

얘들아, 선생님은 오로라를 보러 가고 싶어.
추운 걸 정말 싫어하지만, 오로라를 위해서라면 꾹 참을 수 있단다.

손흥민 선수가 뛰는 축구 경기를
직접 보고 말 거야.

언젠가 꼭 잉카 문명을 탐험하러
남아메리카를 누빌 거야.

세계의 다양한 나라를 소개하는 책을 읽어 보면, 세계 지도가 다르게 보일 거예요. 그곳 날씨는 어떤지, 어떤 음식을 먹는지, 전통 의상이나 명절은 무엇인지 등 그 나라의 문화와 자연환경을 알아보세요. 여러분이 제2의 고향으로 삼고 싶은 나라를 찾게 될지도 몰라요.

전에 가족과 함께 중국의 만리장성으로 갔던 여행이 가장 기억에 남아.

호주의 오페라 하우스에서 오페라를 보고 싶어.

일기 쓰기 꿀팁

1. 세계 여러 나라에 관한 책을 읽어 보세요.

2. 다양한 나라의 자연환경과 문화를 알아보고, 가 보고 싶은 나라를 정해요.

3. 가 보고 싶은 장소, 보고 싶은 풍경, 먹고 싶은 음식 등을 조사해서 쓰면 세계 여행 일기 완성!

나는 아프리카 초원으로 사파리 여행을 떠나서 다양한 야생 동물을 두 눈으로 보고 싶어!

일기 글감 만들기

나만의 여행 지도

여러분도 솔샘과 후야처럼 가고 싶은 나라나 여행한 나라가 있나요?
나만의 여행 지도를 만들어 보면서 일기 글감을 찾아 보세요.

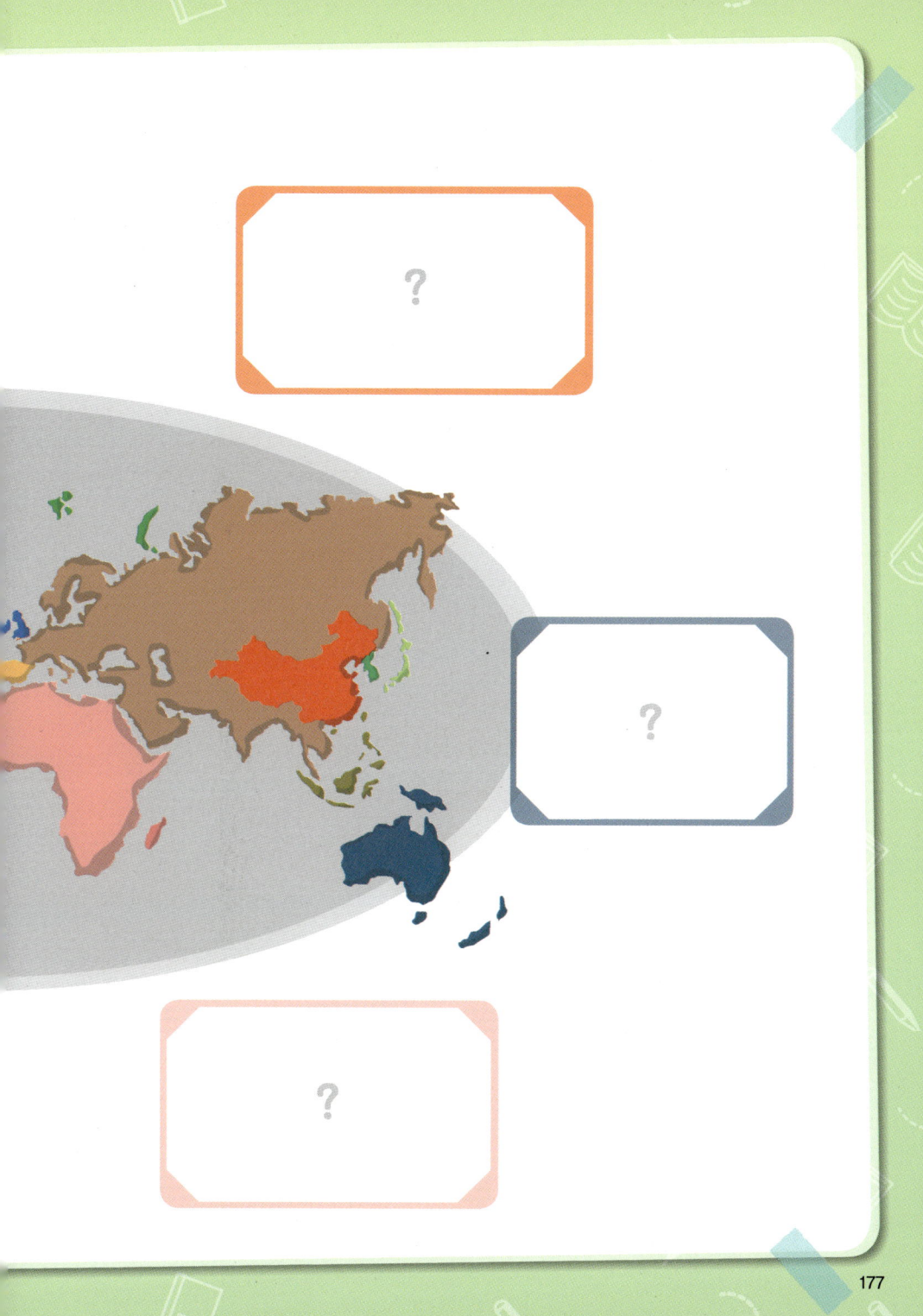

10화 아이스크림을 특별하게 만들어 준 푸핀도이

자,
이제
내리시죠!
얘들아, 멋지지?
우아~
이거요!
이거!
Desserts menu
Best!
mango with ice-Cream 159.
Good
mango crepe cake 149.
알았어, 얘들아!
이 풍경이 멋있어서 오자고
한 거야. 한 번 봐.
초콜릿 셰이크랑
망고 아이스크림 먹을래요!
여기 경치 감상하면서
좀 기다리면 나올 거야.
할아버지! 아이스크림
아직 멀었대요?
이 녀석들! 경치가 눈에
안 들어오는구나, 허허허.

후야의 진짜 일기

1월 6일 수요일

날씨: 얼굴이 많이 탈 것 같은 날

제목: 감자튀김과 아이스크림을 특별하게 만들어 준 푸핀도이

오늘은 아침부터 훼이텅타오, 몬챔에 갔다가 푸핀도이라는 카페에 갔다. 너무 오래 차를 타서 짜

길

길은 다 다른 길로 통한다.

저 아저씨도 불쌍하고 나무도 불쌍하다. 한참 울래도 가야 안 되겠다. 특별한 사를 하셔다.

이 길이 하고 가가 마스크림 약속을 기다려셔 꼭 참고

기일을 주고 길을 곧 답답 오해 이 "엄아이" 아이게" 하고

중에 을 많 한 어떤 어게고 지 서

드디어 푸핀도이라고 하셨다. 내리기 전부터 기대가 됐다. 자리를 잡고 앉아 메뉴판을 보고 내가 먹고 싶은 토코쉐이크, 망고 아이스크림, 감자튀김을 멋있는 풍경이 아이스크림이 특별한 기대가 돼서 눈 앞에 있는 경치도 안 보였나보다. 경시원하게 하늘까지 뻥 뚫린 초록 풍경과 작은 집들이 같아다. 사진을 100장도 넘게 찍고 자리로 돌아오니 나의 초코쉐이크와 동생의 m&ms 쉐이크가 기다리고 있었다. 한 모금을 쪽~ 빨아 마셨다. 역시 고생한 보람이 있는 맛이었다. 곧 망고 아이스크림이 나왔다.
"This is for kids."

서빙하는 누나가 작은 그릇에 물을 부었다. 그랬더니 아이스크림이 안이 보일 정도로 구름이 생겼다. '특별한 게 이거구나' 하고 생각했다. 내가 좋아하는 바닐라와 망고맛이 한꺼번에 났다. 쉐이크, 아이스크림, 감자튀김을 다 먹고 나니 풍경이 더 잘 보이고 더 멋있었다. 엄마카크유를 가림이라고 특별한 아이스 하신 이유를 알겠다.

푸핀도이 아이스
크림이 특별한 이유
ㅣ. 가는 길이 특별히
어렵다.
2. 고생한 보람이
있는 맛이다.
3. 먹고 나면 경치
가 더 잘 보인다.

솔샘의 일기 쓰기 10

여행 이야기를 보드게임판으로!

여행을 다녀오면, 일기 쓸 거리가 참 많아서 좋아요. 우리 반 학생의 일기를 검사하다가 '엇, 이번엔 왜 이리 길게, 많이 썼지?' 하고 놀라서 읽어 보면 여행 이야기일 때가 많답니다. 누구와 언제 갔는지, 여행지까지 어떻게 갔는지, 가서 무엇을 보고 들었는지, 빼놓을 수 없는 음식 이야기까지……. 이번엔 조금 색다르게 일기 쓰는 방법을 소개할게요.

{ 여행 보드게임을 일기로 쓰기 }

산 위에서 내려다 본 경치는 정말 멋지더라!

달콤새콤 시원한 망고를 배 터지게 먹었는데…
진짜 맛있었으니까 추가 점수 800점!
아~ 침 고인다.

후야는 태국 여행을 다녀와서 인상 깊은 일을 보드게임판에 나타냈어요. 상상한 내용을 섞어서 황당한 설정도 해 놓고요.

여러분도 기억에 남는 여행을 떠올려 보고, 재미난 상상을 덧붙여서 보드게임으로 만들어 보세요.
온 가족이 함께 여러분이 완성한 보드게임을 하면서 여행 이야기도 하고, 또 다른 여행을 계획해 보세요. 더욱 즐거운 여행이 기다릴 거예요.

일기 쓰기 꿀팁

1. 재미있었던 일, 신났던 일은 점수 더하기, 힘들었거나 위험한 요소는 점수 빼기로 넣어 보세요.
2. 기억에 남는 일, 여행지에 관한 팁 등 게임을 더 재미있게 만들 요소를 더해 보세요.
3. 가족, 친구와 함께 보드게임을 하며 여행 이야기를 나누면서 더 멋진 여행을 계획해 보세요.

후야 건이랑 같이 가는 여행이라 특별히 행복했지!

할아버지는 두리안이 먹고 싶구나!

내가 코끼리 똥을 밟다니! 기분 나쁘니까 점수 마이너스! 형아 여기 한 번 걸려 봐랏!

작가의 말

안녕하세요? 후야와 건이의 엄마이자 초등학교 선생님인 윤쌤입니다.
「후야의 일기 1권」을 읽고 나서 '나도 일기를 써 보겠다'라며 더 멋진 일기를 쓴 어린이들의 소식을 듣고 참 기뻤답니다. 더 재미난 글과 그림으로 돌아온 「후야의 일기 2권」도 많이 사랑해 주세요. 책을 읽고 여러분의 마음과 일상이 그대로 담긴 글을 쓸 수 있었으면 좋겠어요. 여러분의 글쓰기를 응원합니다!

안녕하세요? 후야예요.
저는 "후야의 일기 2권은 언제 나와?", "진짜 재미있다!"는 말을 들으며 행복하고 바쁘게 하루 하루를 보냈어요.
제 일기를 읽고, 일기쓰기가 어렵지 않다는 걸 깨달았다는 친구들의 말을 들으니 정말 뿌듯했어요!
"후야의 일기 다음권은 언제 나와?", "나도 후야처럼 일기쓸 수 있어." 라는 말을 또 기다리며 열심히 글을 쓰고 있을게요.
우리 모두 힘내요!

후야와 건이, 그리고 영이의 미술 선생님이자 이 책의 그림을 맡은 성현정 입니다.
저에게는 첫 출판이었던 이 책이 벌써 두 번째 권이라는게 참 신기하기도 하고 한 편으로는 아쉬운 점도 많지만, 2권을 기다려 주신 많은 독자 분들과 옆에서 응원해 주신 내 사람들 덕분에 무사히 출간할 수 있게 되었습니다.
글쓰기를 어려워하거나 싫어하는 친구들에게 이 책이 보다 영감이 되고, 도움이 되었으면 합니다.
대한민국의 모든 초등학생들을 응원합니다. 화이팅!

《후야의 일기》에 관한 궁금증을 풀어드립니다!

Q. 만화 속 캐릭터들은 실존 인물인가요?

　우리 가족과 영이를 제외한 나머지는 모두 가상 인물이에요.
　근데 꼭 진짜 그런 사람이 있는 느낌이 들죠?

　솔샘이 그동안 만났던 초등학교 친구들의 모습을 생각하며 만든 인물이랍니다.

　영이는 제가 미술을 가르쳐 주는 친구이기도 해요. 후야랑 1학년 때 같은 반이었고,
　미술 선생님도 같으니 더 친해졌어요. 1권에 나오는 막장 에피소드도
　실제 둘 사이에 있던 이야기를 각색해서 담았답니다.

Q. 1권에서 7화 〈건이의 엉덩이는 어디로 갔을까?〉가 정말 재미있었어요.
　그 내용 중 미술 수업 이야기도 진짜예요?

　후야가 미술 수업을 받는 걸 건이가 얼마나 부러워했나 몰라요. 어느 새 쪼르르 형아 옆에
　가서 조잘 대던 모습이 눈에 선해요.

　네, 건이 5살 때 있었던 일이랍니다. 건이의 그림도 실제로 건이가 수업에서 그렸던
　그림을 참고해 제가 다시 그려 냈어요.

Q. 제 일기도 이렇게 《후야의 일기》처럼 책으로 내려면 어떻게 하지요?

　솔샘이 언젠가 책으로 낼 일기를 모집할 날이 올지도 몰라요. 혹시 알아요? 여러분의
　일기가 짜잔 하고 책으로 탄생할지! 일단 일기를 꾸준히 써야 책으로 낼 수 있겠지요? 호호!

　솔직하고 생생한 이야기가 담긴 일기를 읽으면, 그 내용을 만화로 그리고 싶어서 손이
　근질근질할 것 같아요. 《후야의 일기》와 여러분의 일기가 나란히 서점에 놓인
　그 날을 기다릴게요.

초판 1쇄 인쇄 2021년 7월 7일 **초판 1쇄 발행** 2021년 8월 2일

글 윤희솔
일기글 후야
그림 성현정(아이앤드로잉)
펴낸이 이승현

편집3 본부장 최순영
교양 학습 팀장 김문주
키즈 디자인 팀장 이수현 **디자인** 디자인이팜

펴낸곳 ㈜위즈덤하우스 **출판등록** 2000년 5월 23일 제13-1071호
주소 서울특별시 마포구 양화로 19 합정오피스빌딩 17층
전화 02) 2179-5600 **내용문의** 02) 2179-5727
홈페이지 www.wisdomhouse.co.kr **전자우편** kids@wisdomhouse.co.kr

ⓒ 윤희솔·성현정, 2021

ISBN 979-11-91766-32-5 77800
　　　979-11-91308-17-4(세트)

* 이 책의 전부 또는 일부 내용을 재사용하려면 반드시 사전에 저작권자와
  ㈜위즈덤하우스의 동의를 받아야 합니다.
* 책값은 뒤표지에 있습니다.
* 이 책의 사용 연령은 6~13세입니다.

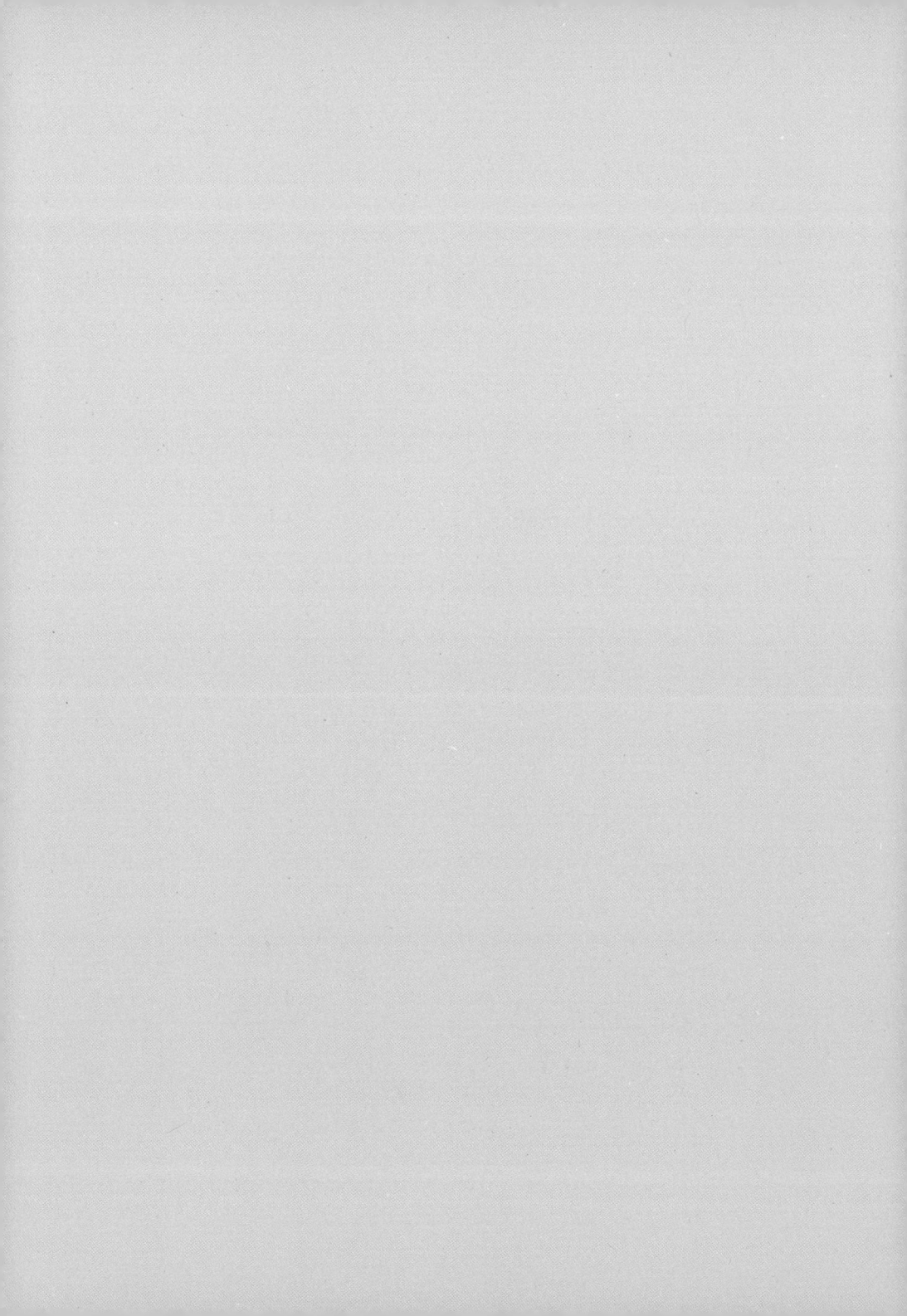